AF357014

LE LIVRE DES ENFANTS SAGES.
ABC DU RÊVE DE MARGUERITE.
CH. PINOT édit. à Epinal.
Déposé.

Je soussigné déclare avoir l'intention d'imprimer
sans changement pour mon compte un ouvrage
ayant pour titre : Le livre des Enfants Sages,
A B C du rêve de Marguerite, lequel je me
propose de tirer à 10,000 Exemplaires en un
volume de format in-8º, 16 pages d'impression
et gravures

Épinal, le 26 mars 1873

Ch. Pinot

ABCDEFGHI
JKLMNOPQ
RSTUVXYZ
1234567890

LE COU ROU COU

EST UN BEL OI SEAU

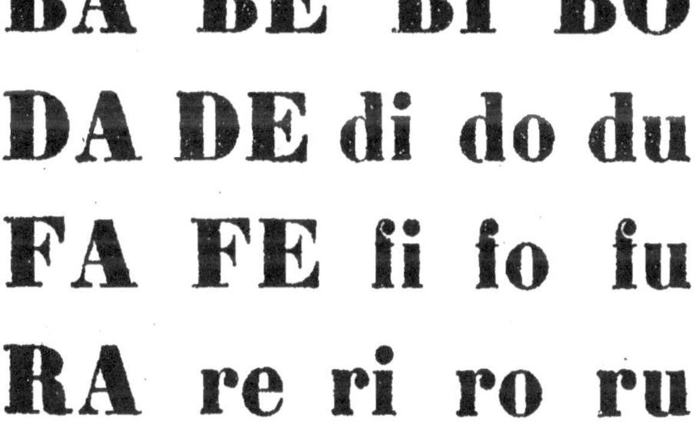

BA BE BI BO

DA DE di do du

FA FE fi fo fu

RA re ri ro ru

LE CY GNE

VIENT MAN GER

DANS LA MAIN

DE LA PETITE EUGÉNIE

Bac Pil Pal

mac sur tac

fil sol mur gac var col

an se bi che bâ ton boie

La Balançoire.

AH
QU'IL FAIT BON
SE BALANCER
C'EST A MON TOUR
Bou ton pan tin
zou fou sin vou
il an ille bouil lon
chonchon torchon
mou che ron ou ra gan miel

M. MÉ DOR

VOU LEZ-VOUS
FAI RE DA DA
TOUT DE SUITE

a e é è i o u
a ê î ô û
ab eb ib ob ub
ar er ir or ur
sa ta ga va za ja na ra ma

Marguerite est la fille d'un honnête forgeron; elle est jolie, mais très coquette et prétentieuse, elle a .plus souvent le nez dans son miroir que dans son catéchisme.

Cependant elle vient d'être couronnée six fois à sa pension, mais elle n'a pas eu le prix de sagesse. Est-ce une injustice? Hélas non!

Il y a réunion dans sa famille à propos de la distribution des prix; chacun de ses parents l'embrasse et la félicite. Tous ces hommages tournent la tête à Mademoiselle Marguerite, qui finit par se croire une petite personne extraordinaire.

Le soir, Marguerite se met au lit la tête remplie de pensées orgueilleuses; elle pense qu'elle pourra bien devenir princesse un jour, aussi à peine endormie la voilà qui rêve aux grandeurs qui l'attendent infailliblement.

Mademoiselle Marguerite rêve qu'une fée vient, d'un coup de baguette, de la transformer en une belle princesse.

Mademoiselle Marguerite, toujours dans son rêve, se trouve habiter dans un palais magnifique tout de marbre et d'or. Les suivants et les pages sont à ses pieds; elle n'a qu'à désirer quelque chose pour qu'à l'instant ses désirs soient accomplis. Quel bonheur !

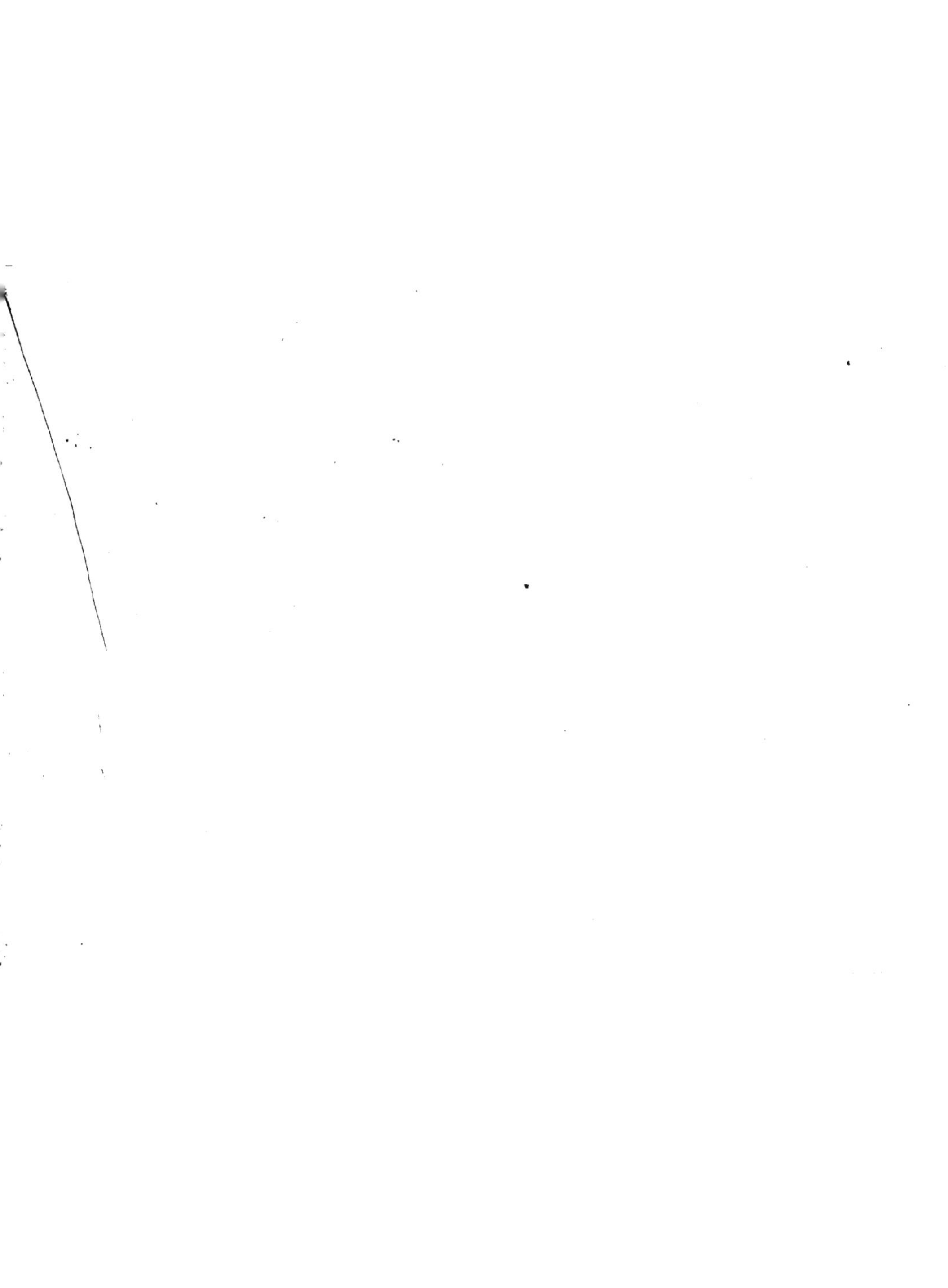

Ici, Mademoiselle Marguerite reçoit la visite d'une jeune princesse, fille d'un roi puissant, qui sollicite humblement la faveur de lui être présentée.

Tous les plus grands seigneurs de la cour deviennent éperdument amoureux de Mademoiselle Marguerite, et viennent humblement lui demander sa main, mais elle n'en trouve aucun d'assez bien pour elle.

A cent lieues à la ronde, il n'est question que de la beauté, de la grace de l'incomparable princesse Marguerite. Tous les ducs, les comtes, les seigneurs du pays sont trop heureux d'être admis à lui baiser la main.

Enfin Mademoiselle Marguerite va épouser le fils du roi qui lui envoie les présents les plus magnifiques, diamants, rubis, colliers, bracelets, perles, émeraudes, etc.

Tout à coup, au moment de la noce, voilà le père de Marguerite qui se présente en disant : Comment, ma fille, est-ce que je vous fais honte que vous ne m'invitez pas à votre noce ? Mademoiselle Marguerite se réveille en sursaut, et le beau rêve s'envole.

Mademoiselle Marguerite, en se réveillant, se retrouve dans son lit comme avant, et pas du tout princesse ; elle se met à sangloter bien fort et à se désoler, puis enfin elle finit par se rendormir.

Le lendemain, Mademoiselle Marguerite en parcourant ses prix, y trouva l'histoire intéressante de la petite Amélie.

Voici ce que disait cette histoire :

Amélie était une jeune fille pauvre ; mais elle avait de l'esprit, du courage et beaucoup de jugement. A force de travail et de persévérance elle acquit une instruction solide et distinguée.

A quinze ans, Amélie était déjà sous-maîtresse dans
un grand pensionnat et parvenait ainsi à aider sa famille.

Une dame fort riche du grand monde ayant prise Amélie
en grande amitié, la prit chez elle comme demoiselle de
compagnie, et bientôt Amélie fut reçue dans la plus
haute société.

Enfin Amélie, jolie, vertueuse et spirituelle, épousa le comte de Saint-Julien, riche gentilhomme. Amélie parvint ainsi au bonheur et à la fortune par son seul mérite.

Après avoir lu l'histoire d'Amélie, Mademoiselle Marguerite réfléchit profondément; elle pensa à son rêve et se mit à pleurer, car au lieu d'être princesse, elle se voyait tout simplement la fille d'un forgeron.

Cependant, en pensant à l'histoire d'Amélie, Marguerite regretta le temps qu'elle avait perdu. Elle prit une ferme résolution, brisa son miroir, se mit sérieusement à travailler et chassa toutes ses folles idées d'ambition.

Enfin Marguerite, ne comptant plus sur ses beaux rêves dorés, est devenue très raisonnable; elle est aimée tout le monde. Elle a pris pour mari un charmant gar horloger qui met tous ses soins à la rendre heureuse.

9 782329 643571